# DE L'INFLUENCE DE LA LIBERTÉ SUR LES MŒURS.

## DISCOURS

Prononcé le Décadi 30 Frimaire, dans la Fête patriotique célébrée à Gannat, Département de l'Allier, pour honorer la Vieillesse et le Travail;

Par le Républicain FROSSARD, Professeur des Droits et des Devoirs du Citoyen, Député de la Société populaire épurée de Clermont-Ferrand; imprimé par ordre de la Société populaire de Gannat.

---

Qu'IL est touchant, le spectacle qui s'offre aujourd'hui à nos regards! De quel doux sentiment il pénètre l'ame; et qu'elle est éloquente, la leçon morale qu'il présente à chaque citoyen! La vieillesse occupant la place de vénération que lui refusèrent si long-temps des mœurs avilies par la servitude. Le travail, cette source inépuisable de richesses et de jouissances, retiré enfin de l'odieux mépris où l'avoit plongé l'orgueilleuse ignorance, et la prée-

A

minence stupide du voluptueux sybarite sur l'industrieux artisan, ou l'infatigable laboureur. On sait maintenant que le mérite est en raison directe de l'utilité. On sait encore de quel respect elle est digne, cette tête blanchie par soixante-dix étés de travaux, de services, et souvent de privations. Effet puissant de la régénération de toutes les idées, et de la salutaire influence de la liberté! Oui, de la liberté! Par elle seule, les mœurs peuvent arriver à ce point de perfection, qui fait la gloire d'une nation républicaine, sa splendeur et sa félicité. En donnant une constitution au peuple français, la convention lui a aussi donné des mœurs. Elle a inscrit les devoirs de la morale sur le même feuillet que les droits du citoyen. Liberté, vertu; ces deux devoirs de l'homme social, sont identiques; et heureuse la nation dont toutes les lois, toutes les institutions convergent vers le même but, d'asseoir la vertu sur la colonne de la liberté, et d'affermir la statue de la liberté, en la groupant à celle de la vertu.

Tel a été votre but, FRÈRES et AMIS, dans la fête toute morale, à laquelle vous nous avez invités, et que nous avons célébrée avec transport. Tel est le mien dans les réflexions que son plan m'a inspirées. Vous penserez sans doute avec moi, que c'est concourir à honorer la respectable caducité, l'active et féconde industrie, que d'établir l'influence victorieuse de la liberté sur les mœurs. Ce sujet est digne de ce jour; il ne l'est pas moins de l'auditoire républicain que sa solennité a réuni dans ce temple consacré à la raison.

Pour qu'une nation jouisse, dans toute leur latitude, des avantages de la liberté, il faut que la majorité des citoyens soit douée d'une ame grande, courageuse, capable des plus énergiques résolutions, en même temps de la plus douce sensibilité.

Un peuple asservi, au contraire, tant qu'il ne soupçonne pas combien il a de force pour briser ses fers, est nécessairement lâche, efféminé, étranger à ces nobles mouvemens que le courage imprime au cœur; et à ces impressions profondes qu'inspire l'ardent amour de la patrie.

Aux mêmes caractères, reconnoissons la vertu et le vice.

Le mot *vertu* signifie *force*; et ces deux mots devoient être synonymes. Car on ne mérite pas le titre d'homme vertueux sans de pénibles combats et de glorieuses victoires.

Le *vicieux*, au contraire, n'a nul empire sur lui; ses passions commandent en maîtres, et sa raison, incapable de les subjuguer, leur obéit en esclave.

Ainsi donc, la liberté et la vertu, résultent des mêmes principes, s'acquièrent par les mêmes efforts, imposent les mêmes sacrifices.

Quel est le fondement de la vraie liberté? C'est l'amour de la patrie. Quel est le citoyen le plus vertueux? C'est celui qui subordonne sans cesse son intérêt privé à l'intérêt général.

Un peuple libre doit donc être doué de toutes les vertus qui émanent d'un caractère fier et généreux;

un peuple esclave a tous les vices engendrés par la lâcheté, la mollesse et l'asservissement.

Là où existe la vraie et solide liberté, là se trouve unie une puissance de perfection, sans cesse agissante, et des motifs à la vertu toujours irrésistibles. Elle est l'élément des mœurs publiques; et celles-ci modifient les mœurs privées. L'homme libre, mais ami des lois, est bon père, bon époux, bon fils, bon ami, en même temps qu'il est bon citoyen.

« Les plus grands prodiges de vertu » dit l'immortel Jean-Jacques, « ont été produits par l'amour
» de la patrie. Ce sentiment doux et vif, qui joint
» toute la force de l'amour-propre à toute la beauté
» de la vertu, lui donne une énergie qui, sans la
» défigurer, en fait la plus héroïque de toutes les
» passions. C'est lui qui produisit tant d'actions
» immortelles, dont l'éclat éblouit nos foibles yeux,
» et tant de grands hommes, dont les antiques
» vertus passent pour des fables, depuis que l'amour
» de la patrie est tourné en dérision ».

L'a-t-il prévu, ce sublime politique, que cette nation même, à qui de son temps, ces derniers mots pouvoient si justement être appliqués, bientôt enflammée du sublime amour de la patrie, reproduiroit ces *antiques vertus*, qu'il ne considéroit plus *que comme des fables* ? Pouvoit-il le concevoir, lui qui fit tant pour précipiter le peuple français vers une grande révolution; lui qui la prédit; ajoutons même, qui l'inspira, pouvoit-il espérer que l'histoire de notre république effaceroit par *l'éclat des vertus* qu'elle recueille, celle des nations les plus illustres de l'antiquité? Avoit-il présens à ses yeux éblouis, les triomphes du 14 juillet et du 10 août, de Grand-Pré, de Gemmappe, de Valmy, du Rhin, de la Moselle et du Var, de Furnes et de Dunkerque, quatorze armées de citoyens, luttant simultanément contre tous les esclaves de l'Europe coalisés, et le génie de la liberté planant avec celui de la victoire au-dessus de toutes les trahisons accumulées, de toutes les passions en mouvement, de l'intrigue des cours, de l'orgueil des messieurs de l'ancien régime, et des cruels effets d'un métal corrupteur? Ah! Rousseau, s'il t'eût été donné de voir cette grande et mémorable révolution, comme ton ame sublime auroit joui, et avec quel enthousiasme tu te serois écrié: Elle est bien digne de la liberté, cette nation qui développe tant de vertus dans sa conquête! Encore un pas, et elle sera le modèle de l'univers!

Oui, les citoyens deviennent vertueux, dès qu'ils aiment leur patrie; et ils l'aiment, leur patrie, dès que cette expression cesse de leur présenter un sens odieux ou ridicule; en un mot, dès qu'elle est tout pour eux, et qu'ils sont tout pour elle.

Qui de nous, amis, ne peut citer sa propre expérience en témoignage de cette vérité? Quand nous étions esclaves, que nous importoit la prospérité publique; et quel avantage avions-nous de la provoquer par la pureté de nos mœurs? Privés du titre glorieux de citoyens; ne voyant dans le pacte social qu'une combinaison monstrueuse d'institutions, de lois, d'usages, coïncidant tous vers l'intérêt d'un seul, dès long-temps nous avions oublié que nous faisions partie du grand tout, qu'on nomme *patrie;* nous ne voyions que nous, nous n'agissions que pour nous. Le monarque croyoit que tout devoit être ordonné pour *son plus grand plaisir*. Le sujet n'avoit rien qui l'encourageât à étendre ses affections au-delà du cercle étroit de ses relations domestiques. Il se seroit même reproché de travailler avec trop d'énergie à la prospérité du corps social, puisque son intérêt n'étoit que celui d'un petit nombre, et sa splendeur le résultat de l'asservissement de tous.

Libres, au contraire, la société est pour nous une immense famille tendant au même but, le bonheur commun, et liée par les mêmes lois, l'observation de la volonté générale. En contribuant à la fortune publique, nous pouvons dire: C'est pour moi. En maintenant l'ordre moral, nous disons encore : C'est pour moi. Provoquer la félicité de tous, telle est la vertu comme l'intérêt de chaque citoyen; et malheur à celui qui, s'isolant de la masse de ses frères, n'auroit pas la force, quand il souffre, de s'écrier : Que la patrie soit heureuse, et mes maux sont oubliés!

Si la connoissance du principe des actions humaines, si la voix du sentiment indiquent l'influence de la liberté sur la vertu, l'histoire de tous les peuples en offre la démonstration. Quelles furent les nations les plus vertueuses? Est-ce sous les portiques de Versailles, ou sur la Montagne de la république qu'il faut chercher les sentimens sublimes et les actions magnanimes ? Est-ce dans la cour des rois, ou au conseil d'un peuple libre, que brillent les grands exemples de vertu nationale ? Qu'y a-t-il de commun entre un Pelletier et un Bourbon, entre le sénat de Rome et le Pregadi de Venise ? L'ignorance et l'égoïsme, la pusillanimité et la corruption, voilà l'essence de la constitution des peuples esclaves. Le courage et la générosité, l'oubli de soi et le dévouement public, l'amour des lois et les mœurs douces, voilà l'histoire, voilà la législation des nations républicaines.

Et quel prodige pourroit opérer un autre ordre de choses ? Le despotisme posséder la faculté d'électriser les ames, d'y développer le germe des grandes actions ! Cette puissance appartient exclusivement à l'auguste liberté. La vertu ne sauroit s'acclimater ni chez les esclaves, ni chez les tyrans. Elle se plaît à fixer son séjour habituel auprès de l'homme relevé à sa dignité naturelle, ne connoissant de supérieur que la volonté générale, et de loi que l'utilité publique, foulant aux pieds toutes les passions, toutes les foiblesses qui maîtrisent à-la-fois les oppresseurs et les opprimés, assis à sa véritable place; digne enfin du titre de citoyen.

Quel tableau neuf par son sujet, et intéressant par ses oppositions, que celui des vertus indigènes dans les républiques, comparées aux vices qui appartiennent exclusivement aux gouvernemens arbitraires.

Là, le mobile puissant de toutes les vertus

héroïques, c'est l'amour sacré de la patrie.— Ici de l'aveu même de Montesquieu, ce grand avocat du gouvernement monarchique, c'est la crainte ou l'orgueil, déguisé sous le nom mensonger *d'honneur*.

Là, le citoyen philanthrope, semblable au sage de Sénèque, « ne trouve rien qui soit proprement à » lui, que ce qu'il partage avec tous ses conci- » toyens ».— Ici l'intérêt privé commande toutes ses actions; et s'il reconnoît un supérieur, c'est la terreur seule qui le force à l'obéissance.

Là, tous les sentimens naturels sont vifs et délicats. La fraternité assaisonne tous les plaisirs; et s'il est quelque ambition, c'est celle de rendre le genre humain plus parfait et plus heureux. Après avoir défait l'armée innombrable des Carthaginois, Gèlon de Syracuse n'exigea d'eux, ni or, ni tribut; il leur fit prêter le serment que désormais ils ne sacrifieroient plus leurs propres enfans à Saturne.

Ici, l'égoïsme absorbe toutes les idées et modifie toutes les actions. Avant de devenir esclave, ou tyran, on a commencé par être mauvais citoyen; et plus d'un despote de l'Europe ressembleroient, si un reste de honte ne les retenoit, à ces empereurs de Maroc, qui, pour faire parade de leur adresse, enlèvent d'un seul coup de sabre, en se mettant en selle, la tête de l'esclave qui leur sert d'écuyer.

Non! il ne sauroit exister de vertu, là où l'intérêt individuel est la suprême loi, et la cupidité l'exclusive jouissance.

Rien d'étonnant dans ces résultats, pour qui

a étudié le mécanisme des actions humaines, et calculé la violence impétueuse des passions. Comment en effet pourroit-il exister chez les esclaves, un véritable courage, un dévouement sincère à la patrie, une austère intégrité, un caractère enfin digne du titre d'homme. Les lois sont violées : que leur importe ? elles ne furent point faites pour eux. A coup sûr il n'existera chez ce peuple, aucun magistrat capable, comme le maire d'Etampes, de mourir en les défendant. La patrie est attaquée par un usurpateur : que leur importe de changer de maître ? leurs fers sont également pesans, rivés par un Guillaume, ou un Louis, un Tartare, ou un Visigoth. Certes on ne verra chez eux ni ce Caton, ni ce Bayle, ni ce Beaurepaire, assez intrépides pour préférer un glorieux trépas à une flétrissante servitude.

L'histoire des gouvernemens despotiques, présente, il est vrai, quelques actions d'éclat citées avec affectation par leurs partisans ; mais ce n'est qu'un vain dehors, enfant de l'avarice ou de la cupidité. Pour qu'un procédé soit digne d'éloges, il ne suffit pas qu'il ait une apparence spécieuse. Il faut qu'il découle d'une source pure ; il faut qu'il soit dirigé par un principe généreux. Comment l'homme abruti par la servitude, l'homme accoutumé à tout rapporter à lui seul, parce qu'aucune idée grande, ne l'élève à un sublime oubli de lui-même ; comment un tel homme, peut-il ne voir dans ses actions, que son concitoyen et sa patrie ? Est-il né dans cette caste orgueilleuse, qui jouit exclusivement de toutes les prérogatives sociales ? La vertu lui devient inutile ; pour s'avancer dans le monde, les titres et la fortune lui tiennent lieu de tout. Fut-il placé par le hasard de la naissance, dans cette classe avilie, à laquelle la tyrannie, véritable marâtre, refusoit jusqu'à l'espérance de se distinguer ? il ne lui sert encore de rien d'être vertueux. Hélas ! la vertu ne lui tiendra jamais lieu de noblesse ou de fortune. Condamné à végéter dans le mépris, il naît, vit et meurt, sans avoir rien fait de grand pour sa patrie, d'utile pour ses frères, d'avantageux pour lui-même. Sa seule ambition fut de se consoler de l'esclavage, en gouvernant à son tour; et, pour y parvenir, il lui suffit d'avoir une ame rampante, insensible à l'éloge, et sans délicatesse sur les moyens, pourvu qu'ils conduisent au succès. On connoît le mot de ce courtisan qui avoit vieilli au service des rois. Quelqu'un lui demandoit comment il avoit pu, vivant à la cour, parvenir à un âge si avancé. « C'est, dit-il, en recevant des outrages, et en » remerciant ».

Ainsi donc, dans les nations esclaves, il ne peut exister parmi les grands, qu'orgueil et avarice, qu'oubli de tous les principes, et corruption de tous les sentimens moraux; dans les petits, qu'ignorance de leurs véritables droits, lâcheté dans la servitude, et incapacité à en secouer le joug. Aux satrapes de l'Orient, il falloit les Perses efféminés; aux messeigneurs de France, le préjugé de la légéreté nationale; aux sanguinaires ministres de la sainte Hermandad, le stupide et indolent Espagnol.

Mais qu'à ces idées rétrécies qu'inspire l'égoïste vanité, succèdent ces généreux élans, ces conceptions grandes et fortes que fait naître l'amour de la patrie. A cette idée révoltante : *J'ai un maître*, substituez cette pensée sublime : *Je n'obéis qu'à la volonté générale*; alors quelle vaste carrière de vertus et de jouissances. Valeur dans les combats, sagesse dans les fonctions publiques, probité dans les affaires, désintéressement dans les négociations, et cette douce réciprocité de procédés généreux, ce commerce d'égards attentifs, cet échange d'affections sincères, entre les citoyens, les parens, les époux, les amis. L'homme libre sert la patrie, en préférant le trépas à la servitude, à l'infraction des lois, au malheur de ses frères. Le père sert la patrie, en lui donnant des enfans dignes d'en être les soutiens. L'épouse sert la patrie, en chérissant son époux, et présentant à sa famille l'exemple de toutes les vertus. Le magistrat sert la patrie, en mettant sa gloire dans l'accroissement de la prospérité publique, et sa récompense dans la splendeur de son administration. Le vrai citoyen sert la patrie, en ne s'écartant jamais de la ligne du devoir, en maintenant l'ordre social par une active surveillance, en sacrifiant sans cesse son intérêt personnel à la prospérité nationale.

Comme le sentiment de la liberté agrandit l'ame; comme il l'élève aux exploits les plus héroïques! Pour démontrer cette vérité, citerons-nous ce républicain qui, trompé par des prêtres fanatiques, se précipite dans un gouffre, pour sauver sa patrie ; ces trois Décius achetant le salut de Rome par le plus généreux dévouement ; ces vertueuses Lacédémoniennes qui, après la bataille de Leuctres, pleurent dans le deuil et le silence, leurs enfans échappés par la fuite, au carnage ; ou ces mères, non moins courageuses, qui, pleines de joie, et la tête couronnée de fleurs, vont au temple rendre grâces aux dieux de ce que leurs fils sont morts pour la patrie ; ce Scévola, plongeant sa main dans un brasier ardent, pour donner au tyran qui menace la liberté de Rome, une idée du courage qui enflamme les trois cents guerriers préparés à lui ravir le jour ; ces deux Brutus enfin, dont l'un sacrifie sur l'autel de la république naissante, ses deux fils conspirant contr'elle, et l'autre immole son père, pour le punir d'avoir élevé un trône au milieu d'un peuple libre ? Comparerons-nous aux actions magnanimes de Fabricius et de Camille, aux vertus douces d'Aristide et de Cincinnatus, les sanguinaires proscriptions de Sylla, les projets exécrables du conspirateur Catilina, l'ame de César avilie jusqu'à la trahison ? Pour donner toute la mesure de l'énergie que peut inspirer l'amour de la liberté, rappellerons-nous ce Régulus qui, après avoir tout fait à Rome pour empêcher le sénat de le racheter par un échange de prisonniers, s'arrache à ses concitoyens désespérés, et à une famille qu'il adore, pour retourner à l'ennemi qui lui préparoit la mort ; nommerons-nous ce vertueux

Caton qui, après avoir servi la liberté pendant toute sa vie, ne peut survivre à la perte de ce bien suprême? Vous entretiendrons-nous de ce Tell qui, trop grand pour plier le genou devant le chapeau d'un tyran, et contraint d'enlever, avec son arc, une pomme de dessus la tête de son fils, réserve une flèche pour frapper le despote, donne à ses courageux concitoyens le signal de l'insurrection, et fonde sa république au milieu des combats et des défaites des monarques puissans ligués contr'elle (1). Retracerons-nous enfin l'héroïsme de ce jeune Spartiate qui, fait prisonnier dans un âge tendre, crioit dans son langage laconique: " Non, je

_____

(1) Il n'est point d'histoire plus fertile en prodiges produits par l'amour de la liberté, que celle des Suisses. — A Morgarten, 1300 Suisses mirent en déroute l'armée de l'archiduc Léopold, composée de 20000 hommes. Au combat de Saint-Jacques, 1200 Suisses soutinrent l'effort d'une armée de 60000 hommes. Près de Boltelen, ces républicains, au nombre de 3000, résistèrent victorieusement à l'armée du Dauphin, composée de 14000 Français et de 8000 Anglais. Dans le canton de Glaris, 350 Suisses défirent 8000 Autrichiens. Tous les ans on célèbre leur mémoire sur le champ de bataille. Un orateur cite leur valeur, et lit la liste des 350 héros. Quel courage! Et quel autre sentiment que la liberté peut l'inspirer! Il étoit digne d'un tel peuple de rejeter avec indignation jusqu'à l'idée d'entrer dans la ligue sacrilége des tyrans, armés contre la république française. Il étoit digne de la convention de resserrer intimement les liens qui nous unissent à ce peuple.

ne serai point esclave »! Il tient parole. A la première fonction avilissante qu'on exige de lui, impatient du joug, il se casse la tête contre la muraille.
— Sans doute c'est ne pas exister, que d'exister esclave! César, ce despote de Rome, le sentoit bien; et peut-être, s'il n'eût pas commandé, n'auroit-il pas eu la bassesse d'obéir. Il est abordé un jour par un soldat de sa garde qui, baissant sur sa poitrine sa barbe blanche, lui demande la mort. « Est-ce que tu vis? » lui répond le tyran.

Mais à quoi bon, quand nous parlons de vertus républicaines, tirer tous nos exemples de Sparte, d'Athènes ou de Rome? L'histoire de la révolution française offre des traits de dévouement public, certes, aussi frappans que ceux des Miltiades et des Aristide, des Pélopidas et des Thémistocle, des Brutus et des Scévola. La lutte violente qu'a produite le retour aux vrais principes; la coalition de tous les tyrans pour renverser le temple, à peine fondé, de l'auguste liberté; tant de combats à mort, et contre les esclaves des rois, et contre les satellites de la trahison; cet héroïsme qui nous vaut de si éclatantes victoires; le sublime dévouement de ces nombreux guerriers, qui sommés, sous peine de mort, de crier : *Vive la royauté*, répètent à voix redoublée : *Vive la république*...... En faut-il davantage, pour calculer tout ce que peut la liberté sur les ames; comme elle les trempe fortement; comme elle éteint en elles toute passion, dans son concours avec l'amour de la patrie.
— Des pinceaux fidèles et exercés recueillent avec

soin tous ces traits brillans de courage et de désintéressement. On verra dans ces tableaux nombreux, que si l'histoire de la révolution française fut celle des passions violentes, des trahisons multipliées, des dernières convulsions de l'orgueil agonisant, et des efforts impuissans des préjugés si fertiles en erreurs ; elle est aussi l'histoire des vertus les plus éclatantes, et des exploits les plus dignes de l'immortalité, du retour aux mœurs pures, et de l'exercice de tous les devoirs sociaux. Citer, ce seroit affoiblir un tel sujet. Une trop grande masse d'exemples s'offre à l'observateur enthousiasmé. Il craint de ne pas présenter les plus dignes d'admiration. Il se tait. Mais son cœur recueille tous ces actes d'héroïsme ; et il s'enorgueillit d'une telle patrie.

Auguste liberté ! voilà tes trophées, voilà ton triomphe ! Par toi, l'homme réhabilité dans tous ses droits naturels, connoît ses devoirs, les chérit, les observe, et reçoit de toi sa récompense. Tu échauffes les ames les plus froides ; tu rallies sous le même étendard les intérêts les plus divers. Les compagnes assidues de tes travaux sont la raison et la philosophie, la justice et la magnanimité. La vertu est ta sœur ; l'égalité, la fraternité, tes amies inséparables. Heureux celui qui peut brûler un encens pur sur ton autel ! Heureux celui qui est appelé à mourir pour t'acquérir à ses frères ! Qui te possède, oublie bientôt tous les sacrifices que lui coûta cette conquête. Il fait chérir ton nom à ses petits enfans. Il leur inspire les vertus que tu exiges de tes adorateurs. Il leur apprend à puiser en toi leur félicité ; et s'il meurt pour toi, ses derniers accens sont un hymne en ton honneur.

Entourons-nous, frères et amis, de tous ces bienfaits. Fondons les mœurs sur la liberté ; et éternisons l'empire de la liberté, en l'associant à celui des mœurs.

Afin d'y parvenir, redoublons d'abord, s'il est possible, d'énergie pour terrasser les cohortes nombreuses des brigands coalisés contre la république ; et de surveillance pour démasquer ces traîtres stipendiés, qui travaillent sourdement dans l'intérieur à tuer la liberté par la perfidie, le patriotisme par la calomnie, les mœurs par la corruption, l'esprit public enfin, en accablant le pauvre de privations. Courage, surveillance : tel est le mot d'ordre du républicain (1). S'il pouvoit sommeiller un instant, son réveil seroit celui de l'esclavage. Ils sont bien habiles à se parer des couleurs du patriotisme, ces hommes gagés par les despotes pour nous trahir et nous perdre. Mieux ils parviennent à détourner les soupçons, plus leurs coups sont

---

(1) Timoléon est accusé de malversations. Son innocence est connue. Le peuple irrité veut mettre en pièces ses dénonciateurs. Il en arrête l'impétuosité. « O » Syracusains ! qu'allez-vous faire ! songez que tout » citoyen a le droit de m'accuser. Gardez-vous, en » cédant à la reconnoissance, de donner atteinte à cette » même liberté, qu'il m'est si glorieux de vous avoir » rendue ».

acérés.

acérés. Défions-nous donc de ces patriotes d'un jour, qui hier soupiroient après la servitude; et qui ne s'embarquent avec nous sur l'Océan de la révolution, que pour nous jeter sur le premier récif, et se sauver à la nage. Veillons sans cesse. Ne perdons jamais le souvenir des Dumouriez, des Custines, des Louis, des Brissot et de la Vendée. Tandis que nos enfans couvrent les frontières de leurs phalanges aguerries, faisons justice de tous ces traîtres lancés parmi nous par les tyrans, furieux de ne trouver dans les combats, que la défaite et le déshonneur. Inspirons aux conspirateurs du dedans cette même terreur qu'éprouvent les ennemis du dehors à la vue de nos bataillons triomphans; et la patrie est sauvée; car la défiance et l'intrépidité sont les vertus des républiques naissantes.

A ce moyen de succès, unissons un second, qui pour être moins actif et plus facile, n'en est pas moins assuré : c'est une observation vraiment religieuse des lois de la patrie. " La société ", dit un philosophe Chinois, " est bien réglée, quand les » citoyens obéissent aux magistrats, et les magistrats » aux lois ". Lycurgue n'a rendu Sparte si florissante, qu'en y introduisant le plus grand respect pour les lois; et selon Socrate, " la république où » les lois sont les plus révérées, est la plus invin- » cible à la guerre, et la plus florissante pendant » la paix ". —— Il est peu difficile d'aimer des lois faites par tous et pour tous; des lois qui n'ordonnent que ce qui est utile à la société, et ne proscrivent que ce qui lui est nuisible ; des lois enfin dont le but unique est, avec le triomphe de la liberté, le plus grand avantage de tous les membres du corps social.—— Telle est la constitution française; telles sont les lois destinées à en établir l'empire. Chérissons-les, ces lois paternelles. Ceux qui les bravent, ressemblent à des rameurs luttant contre un courant impétueux. Oui ! il faut que la loi règne. Elle est la sauve-garde de la liberté, le principe des bonnes mœurs, la clef de la voûte de la constitution. Qu'elle en soit arrachée, aussitôt le temple est ébranlé jusques dans ses fondemens ; il tombe en ruines, et sa chûte écrase tous ceux qui y célébroient leur culte.

L'instruction est encore un puissant instrument du triomphe de la liberté et de l'empire des bonnes mœurs. Si le courage français fit la révolution, la philosophie la prépara. Elle mûrit les ames. Elle ébranla cette antique colonnade qui soutenoit l'autel des préjugés. Elle créa en un mot les hommes qui devoient régénérer leurs frères.

L'ignorance est une des sources de l'asservissement des peuples. Elle les conduit à l'erreur, et l'erreur corrompt l'opinion, la plus invincible des puissances humaines. Les despotes le savoient bien, quand, pour perpétuer leur tyrannie, ils plaçoient l'ignorance au pied de leur trône, et sur la même marche que la terreur.—— Chez les peuples où la liberté cessa d'entretenir le feu de l'instruction, les sciences et les arts purent avoir, par des événemens particuliers, quelques instans d'éclat. Mais leur sort fut toujours incertain, leur existence éphémère; leur influence limitée. La culture de l'esprit est le résultat de l'élévation de l'ame. Vigueur des lois et confiance en leur protection, progrès de l'agriculture et des arts, exercice de toutes les vertus sociales, jouissance et propagation de la liberté, tels sont les fruits abondans et salutaires de l'instruction.

Depuis trop long-temps, le peuple français sollicite à grands cris un système d'éducation nationale. Sans doute elle remplira bientôt une dette si sacrée, cette convention qui marque tous ses travaux par des victoires et des bienfaits. Elle verra la nation en masse, dans cette organisation, comme elle la voit sans cesse dans les sages lois qu'elle lui donne, et les énergiques mesures qu'elle prend pour exterminer ses ennemis. Sur le sol du fanatisme pulvérisé, elle édifiera un temple à la vérité et à la vertu. Son architecture sera majestueuse, son culte magnifique, ses adorateurs très-nombreux. Là, seront anéantis tous les préjugés; les mœurs seront épurées; l'empire de la liberté deviendra plus universel. Là enfin, germeront dans tous les cœurs, deux passions impérieuses : l'amour de la gloire, multipliant les efforts des talens, et l'amour de la patrie, dirigeant celui de la gloire, vers le plus noble des travaux, la félicité sociale.

Deux auxiliaires concourront avec une éducation républicaine à la réforme de nos mœurs : *les fêtes publiques et les récompenses nationales.*

Les fêtes publiques ont pour but, ou de rappeler

de glorieux exploits, ou de mettre en action des vertus républicaines. Elles parlent à-la-fois à l'imagination et au cœur : à l'imagination par les tableaux qu'elles lui offrent ; au cœur par les conséquences morales qu'il en tire.— La *vieillesse* honorée, dit à tous les citoyens, que soixante ans de vertus sont, aux yeux du sage, le plus précieux titre à l'immortalité. Le *travail* encouragé, leur dit encore, que pour juger un homme, on ne lui demandera plus, quels sont tes titres ou tes trésors ? on lui demandera, quels sont tes services, quelles sont tes vertus ? Célébrera-t-on le *génie* ? Chaque élève de la patrie s'efforcera de jouer un rôle dans cette fête auguste. Sera-ce le *courage* ? Chacun se sentira enflammé de la noble ambition d'être loué pour un exploit. Sera-ce *l'opinion* ? Magistrats et citoyens, tous éprouveront combien il est glorieux d'occuper une place dans ses fastes immortels. Sera-ce enfin la *vertu* ? Qui de nous ne rougira d'y assister, s'il n'est meilleur qu'il ne l'étoit à la même époque ? Ouï ! les fêtes agrandiront l'ame ; elles électriseront le génie ; elles l'enflammeront sur-tout d'amour pour tout ce qui est vrai, utile, bienséant ; et cet effet si salutaire, les *récompenses nationales*, nouvel objet des fêtes sanculottides, l'assureront.

Dans la patrie des Léonidas et des Miltiade, des Aristide et des Scipion, les récompenses nationales étoient le foyer de cette passion pour la gloire, et de ces immortelles vertus qui illustrèrent leur siècle et rendirent leur histoire si instructive. Ce n'étoit ni de l'or, ni des titres, ni des croix que leur offroit la patrie reconnoissante. C'étoit, ou le droit de prendre place aux festins du Prytanée, ou une couronne de chêne, ou des vers chantés en leur honneur dans les fêtes publiques. La république française a déjà une dette immense à payer. Les cendres de Pelletier reposent dans le Panthéon. Celles de Marat, de Chalier, de Gasparin, de Bayle, martyrs immortels de la liberté, occuperont bientôt la même demeure. Mais combien de législateurs, combien de héros sont dignes de cet honneur suprême? et ils vivent encore. Il faut qu'ils reçoivent une récompense digne d'eux et de nous. (1) Sans doute elle ne leur sera décernée que quand ils auront fourni leur glorieuse carrière; alors la gratitude nationale sera déjà un prix digne de leurs travaux. Mais il importe d'encourager les services futurs, en récompensant les services passés. Une branche de laurier, déposée par la main de la justice, sur la tête d'un citoyen célèbre par ses exploits, enfante mille exploits nouveaux. Une jeunesse républicaine n'assiste point froidement à un tel spectacle; et la vertu honorée, couvre le vice du plus honteux mépris.

---

(1) Dans une contrée d'Amérique, lorsqu'un sauvage a combattu avec valeur, ou rendu d'importans services à la patrie, les anciens, présidant l'assemblée du peuple, lui adressent ces mots: TU ES UN HOMME! ce genre de récompense peut produire des prodiges.

En voilà assez, frères et amis, pour établir l'influence de la liberté sur les mœurs. — Les mœurs, la liberté!... tel est le substantiel aliment du vrai philosophe, de l'incorruptible sans culottes. Les mœurs, la liberté!.. — Comment sans ce bien suprême espérer ni repos, ni prospérité! — Les mœurs, la liberté!... comme elles sont plus puissantes pour conduire au bonheur que l'éclat des dignités, le prestige des richesses, ou la vanité du pouvoir arbitraire. — Les mœurs, la liberté!..... Heureuse la nation dont elles soutiennent l'édifice constitutionnel! Nous avons appelé en témoignage de cette vérité, l'expérience de tous les siècles et de toutes les nations. Nous l'avons prouvé: nous serons vraiment libres, vraiment républicains, dès l'instant que nous aurons des mœurs; et nous aurons des mœurs, dès que tous les citoyens français, auparavant courbés depuis tant de siècles sous le joug de la plus servile ignorance, méditant fréquemment le livre sacré de la morale et de la législation, sauront très-bien qu'il n'est de prospérité que dans l'observation des lois, de sureté que dans la justice, de paix que dans une conscience calme, de charme que dans la bienfaisance, de gloire enfin que dans les services rendus à la patrie.

Ainsi donc, que le patriotisme et les vertus qu'il enfante, couvrent toute la surface de la république. Chérissons notre patrie; étudions sa constitution; obéissons à ses lois; aimons nos frères; vivons dans la simplicité; alimentons-nous d'actions généreuses ; soyons pères tendres et attentifs, époux fidèles, fils obéissans, amis zélés, citoyens laborieux ; combattons avec intrépidité les ennemis du dehors, et surveillons sans relâche les traîtres du dedans. Que notre vertu, semblable à celle des Romains, engendrée par l'horreur de la tyrannie, et l'amour inné de la patrie, fasse de nos maisons autant d'écoles de républicains, où le père, plus craint que le magistrat, soit dans son tribunal domestique, le censeur des mœurs, et le vengeur des lois. — Alors la liberté, cette fille du courage, sera assise par la main de la vertu, sur le rocher des siècles. Les tyrans coalisés contr'elle recevront le prix de leurs forfaits. Le globe entier, ébranlé dans ses fondemens, communiquera aux climats les plus éloignés la commotion qui renversa le gothique édifice du despotisme. La guerre entreprise par les esclaves, préparera de nouvelles victoires aux bataillons de la liberté. La paix viendra incessamment en abréger les rigueurs ; et avec elle se succéderont ces jours d'alégresse, ce triomphe des principes, ce respect profond pour les lois, ces délicieux élans de la fraternité qui feront la consolation des citoyens français, leur bonheur et leur gloire.

A PARIOM,

De l'Imprimerie de LANDRIOT, Imprimeur de la Société Populaire de Gannat, l'an 2ᵉ de la Républ.

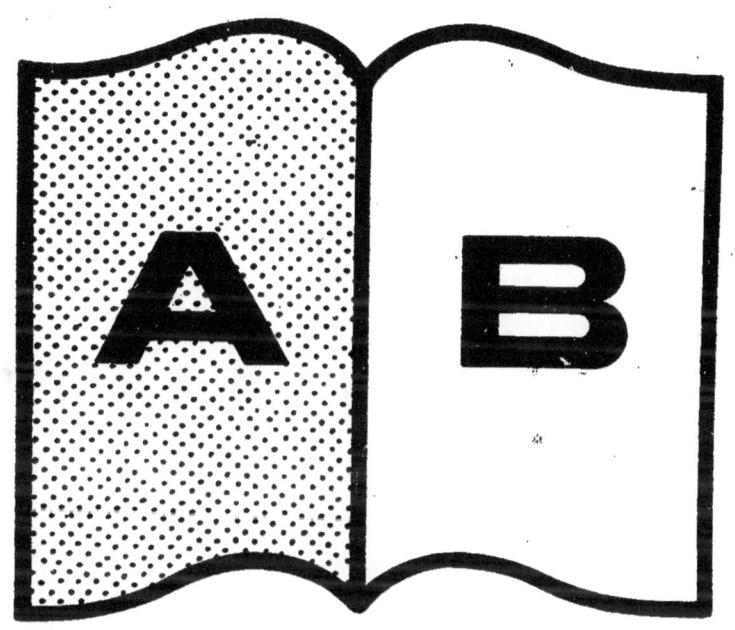

Contraste insuffisant
**NF Z 43-120-14**

www.ingramcontent.com/pod-product-compliance
Lightning Source LLC
Chambersburg PA
CBHW070451080426
42451CB00025B/2702